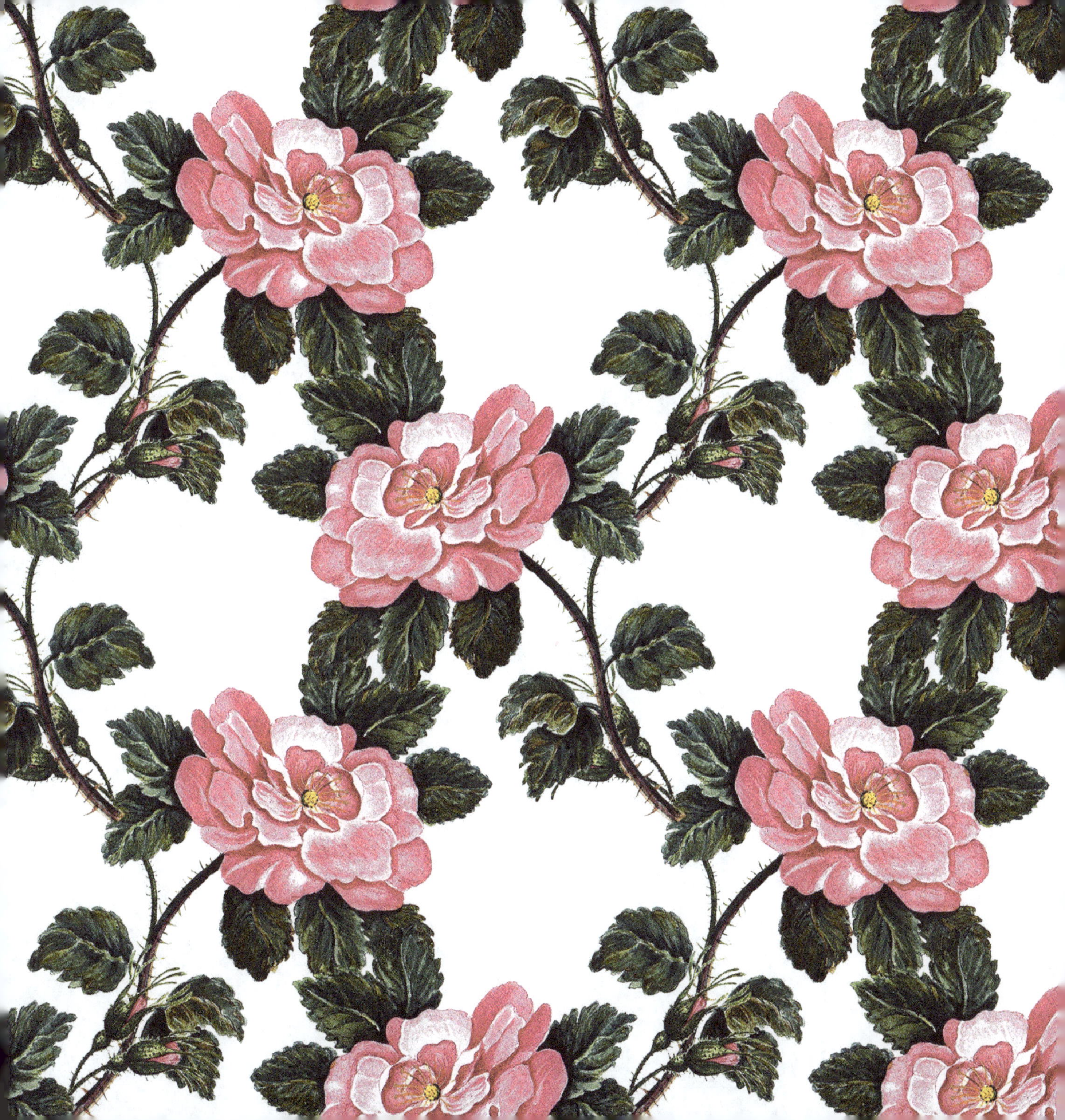

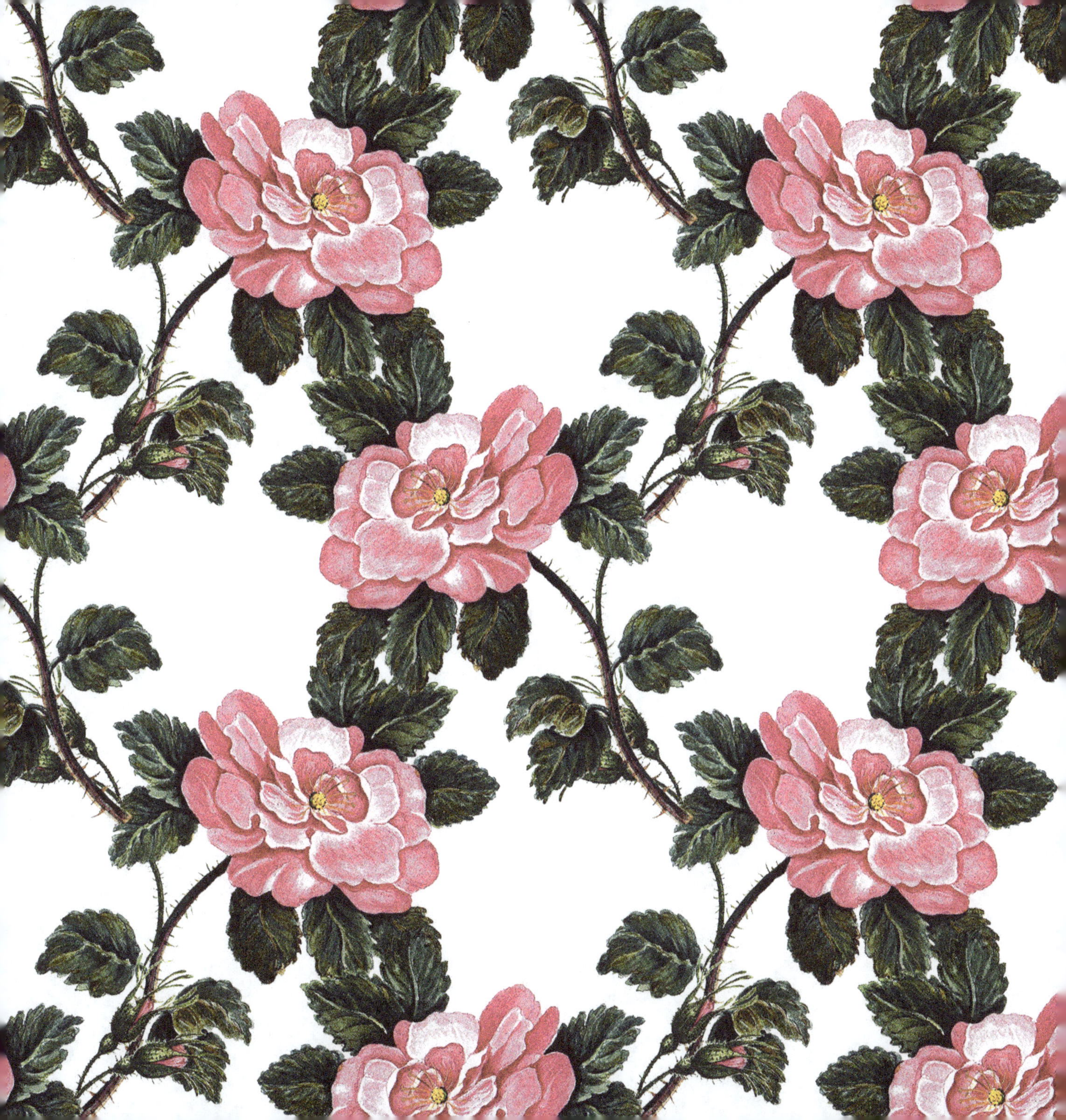

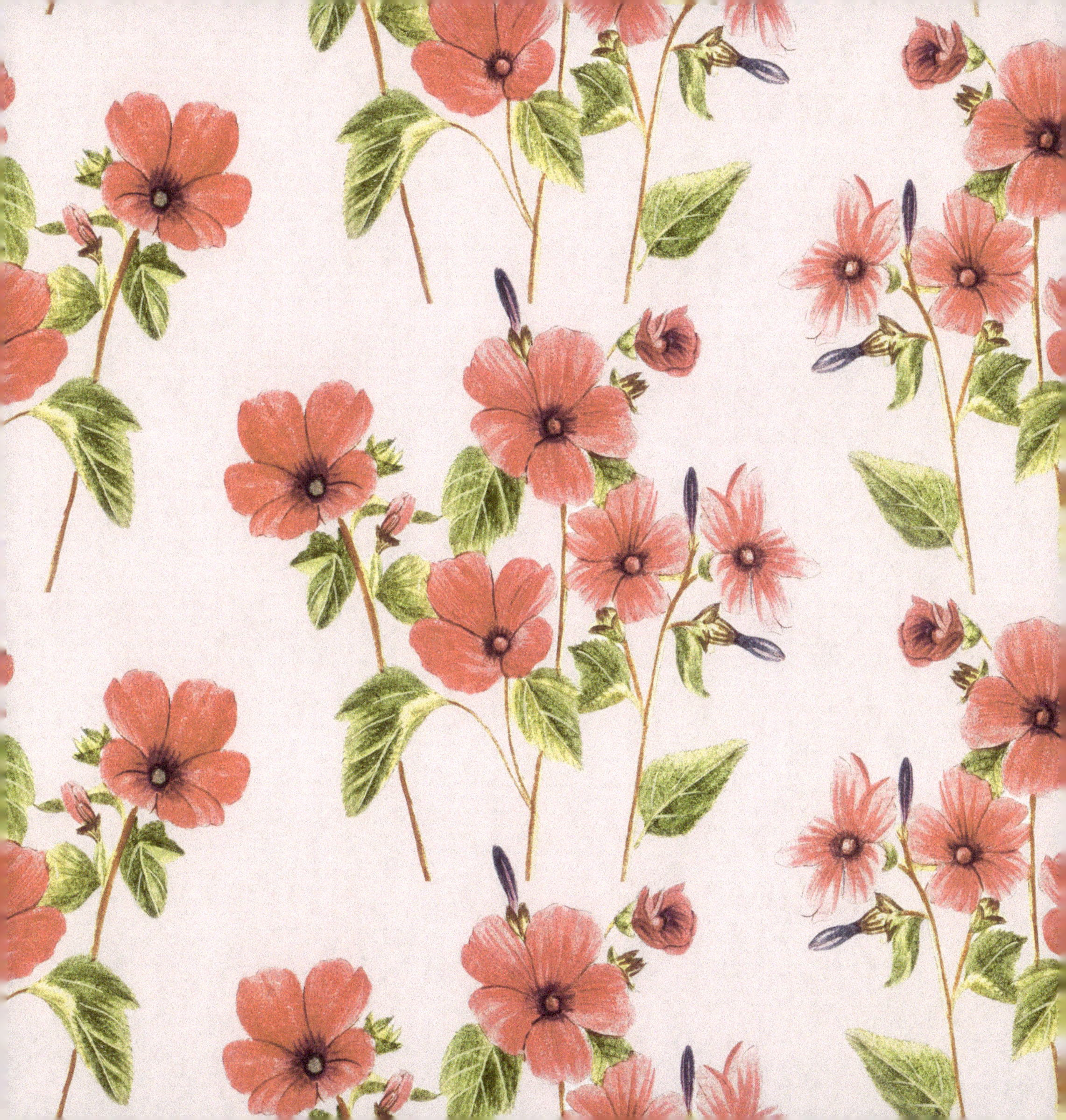

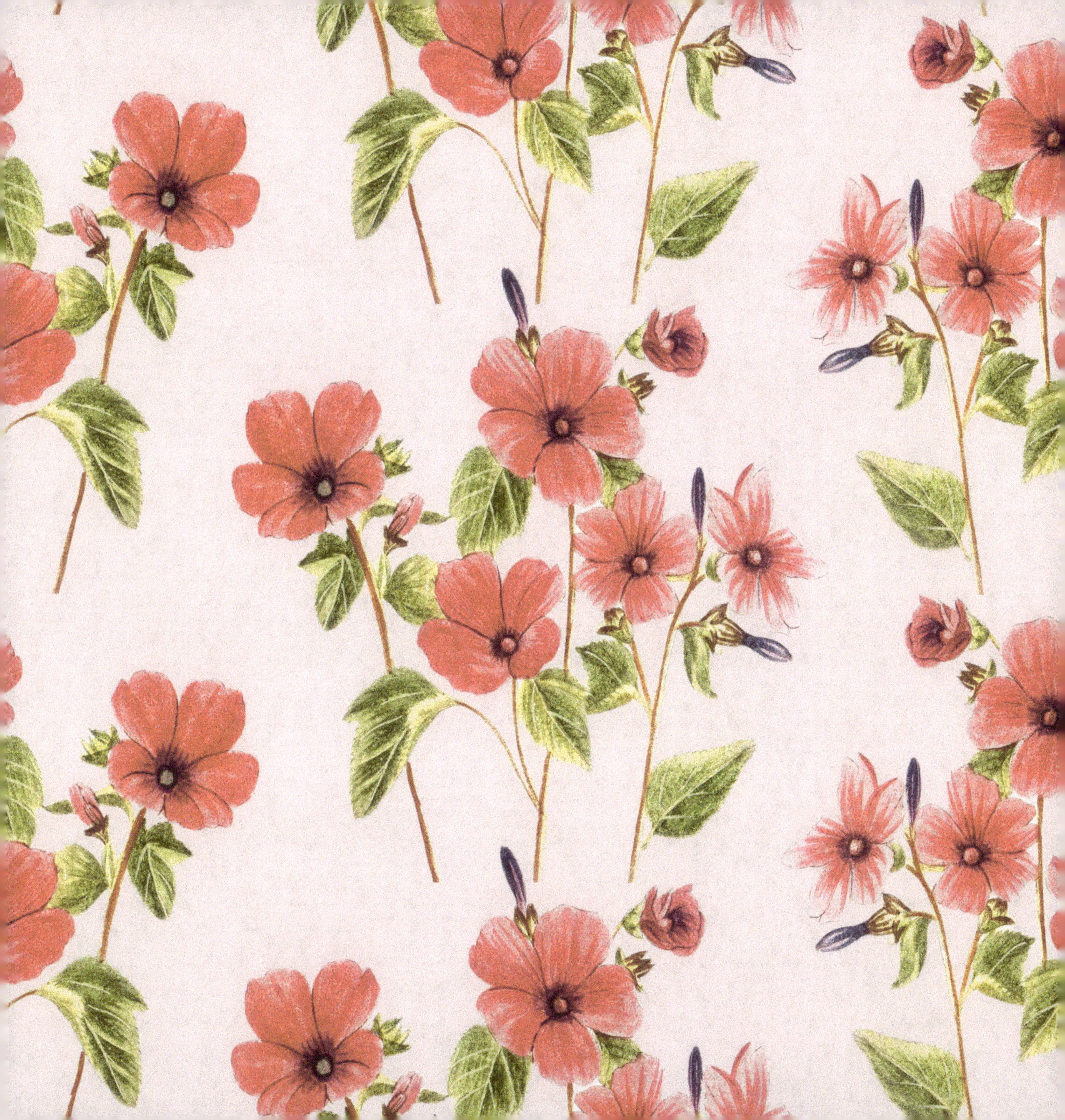

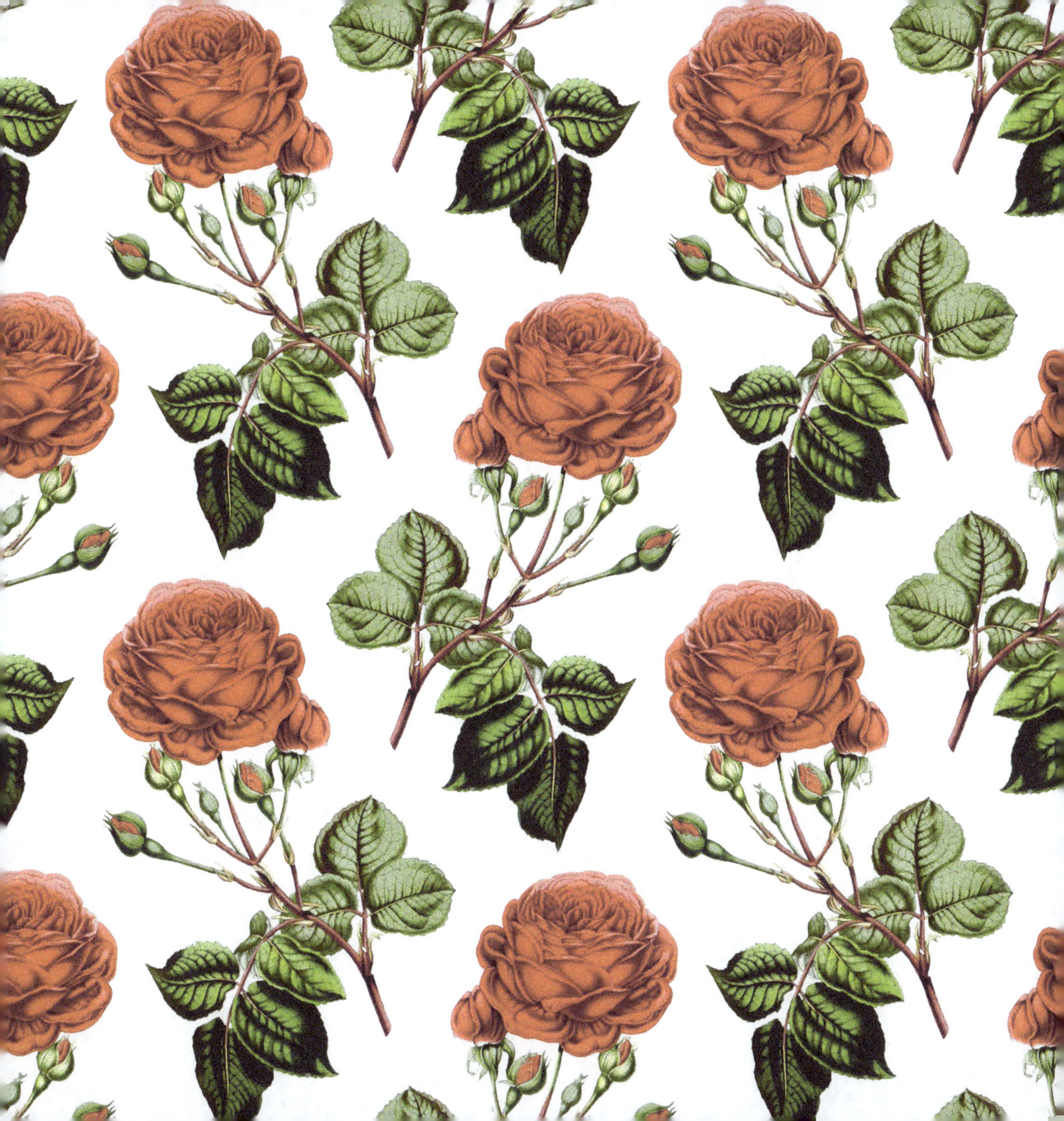

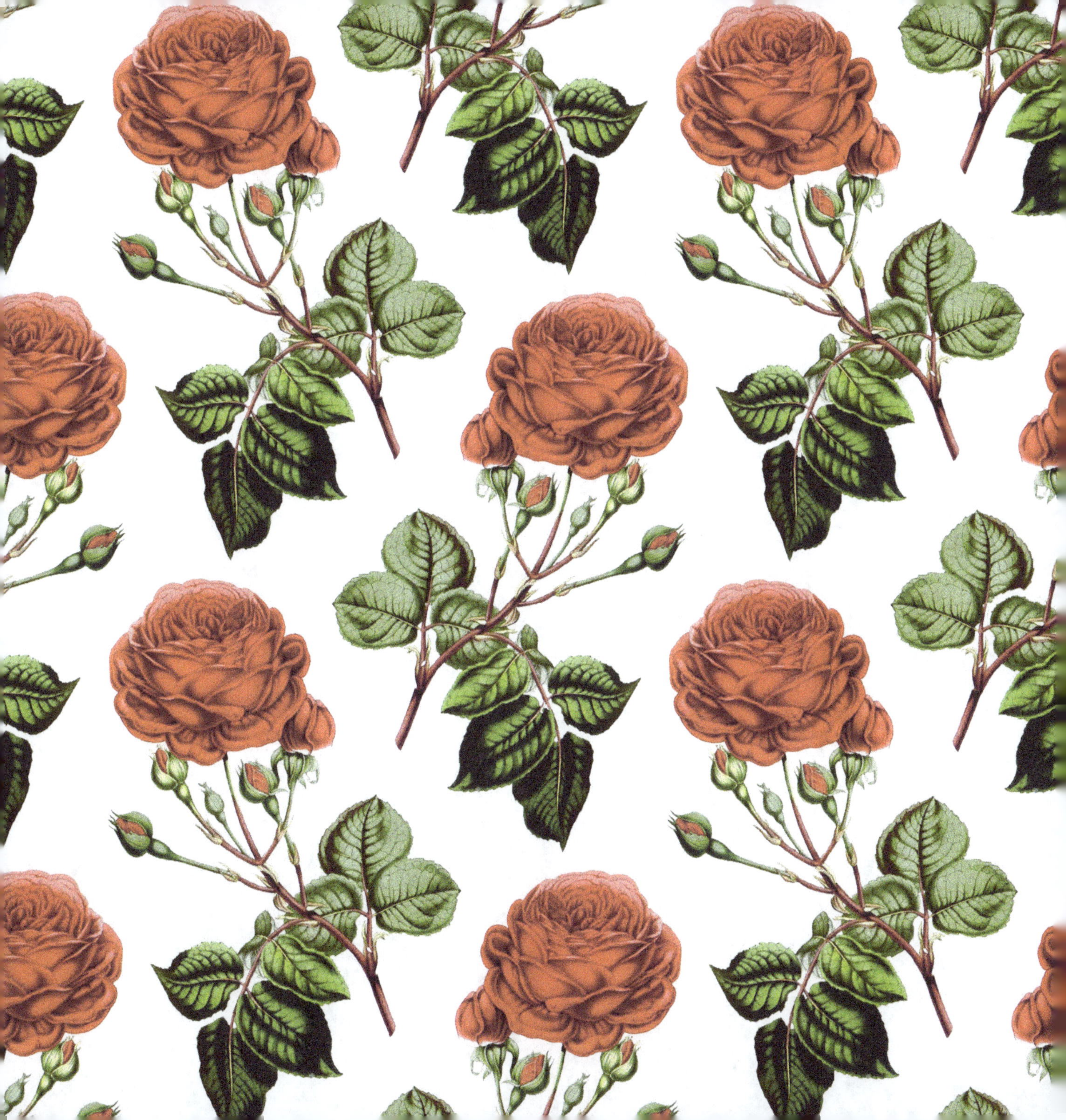

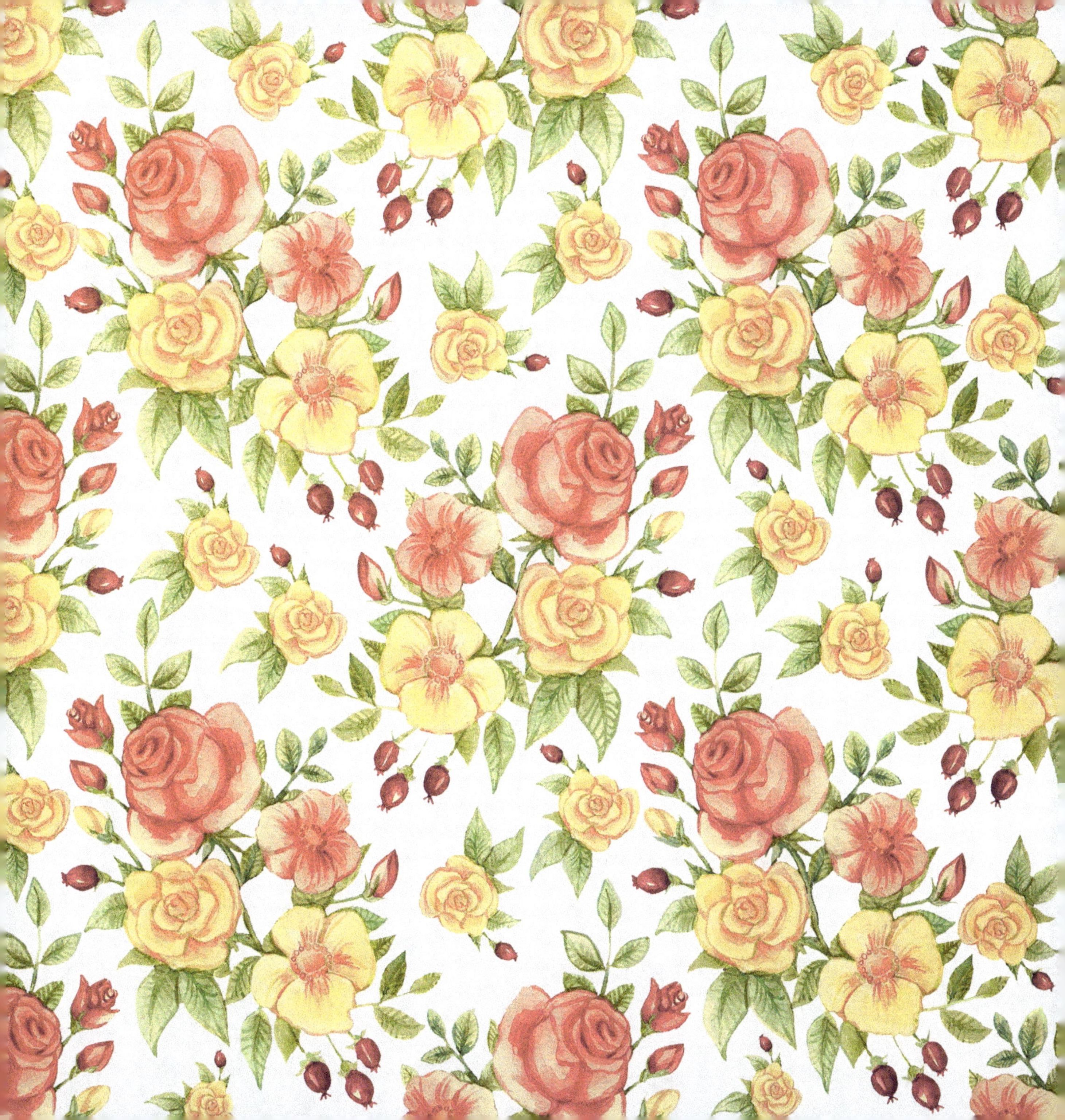

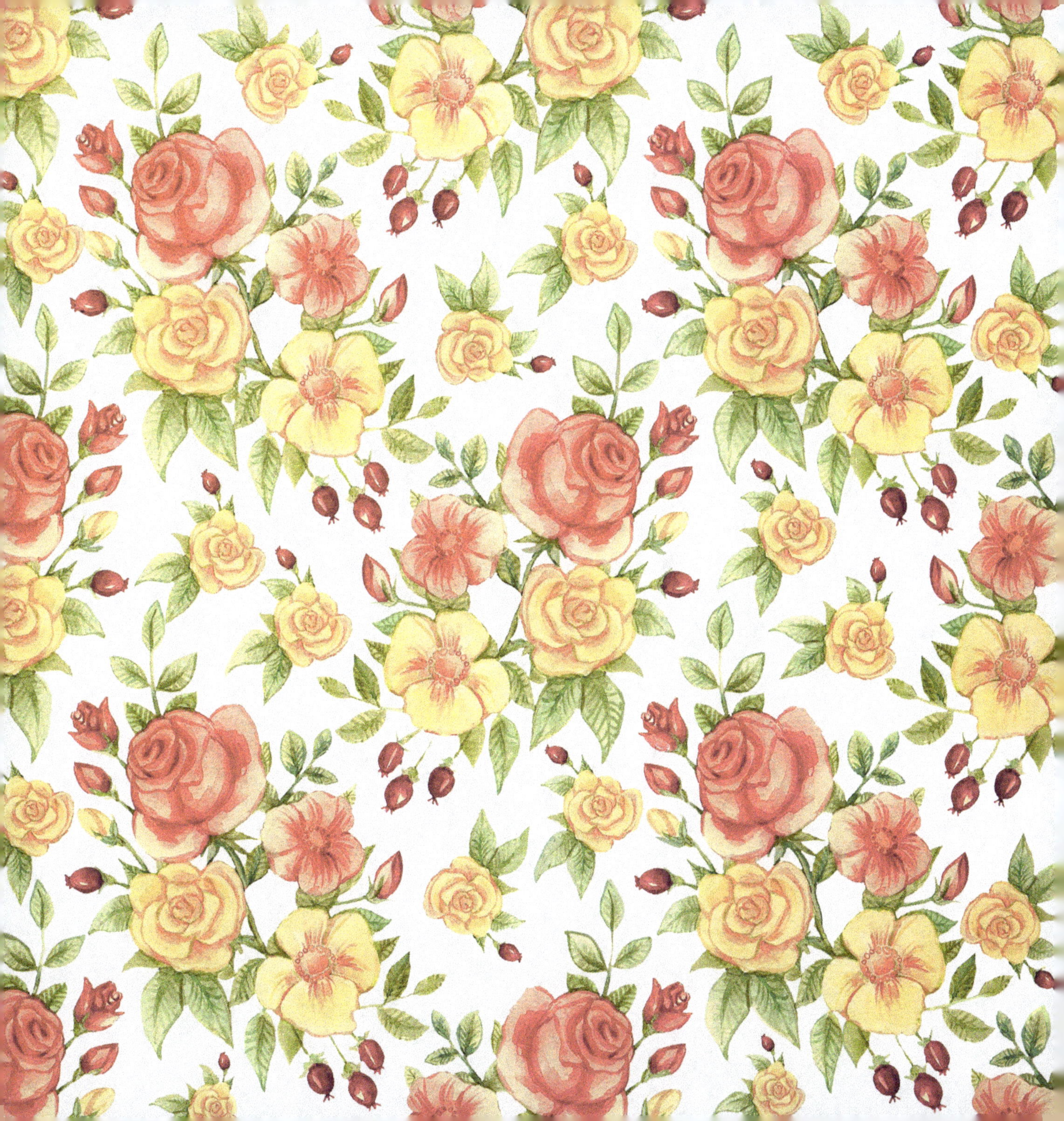

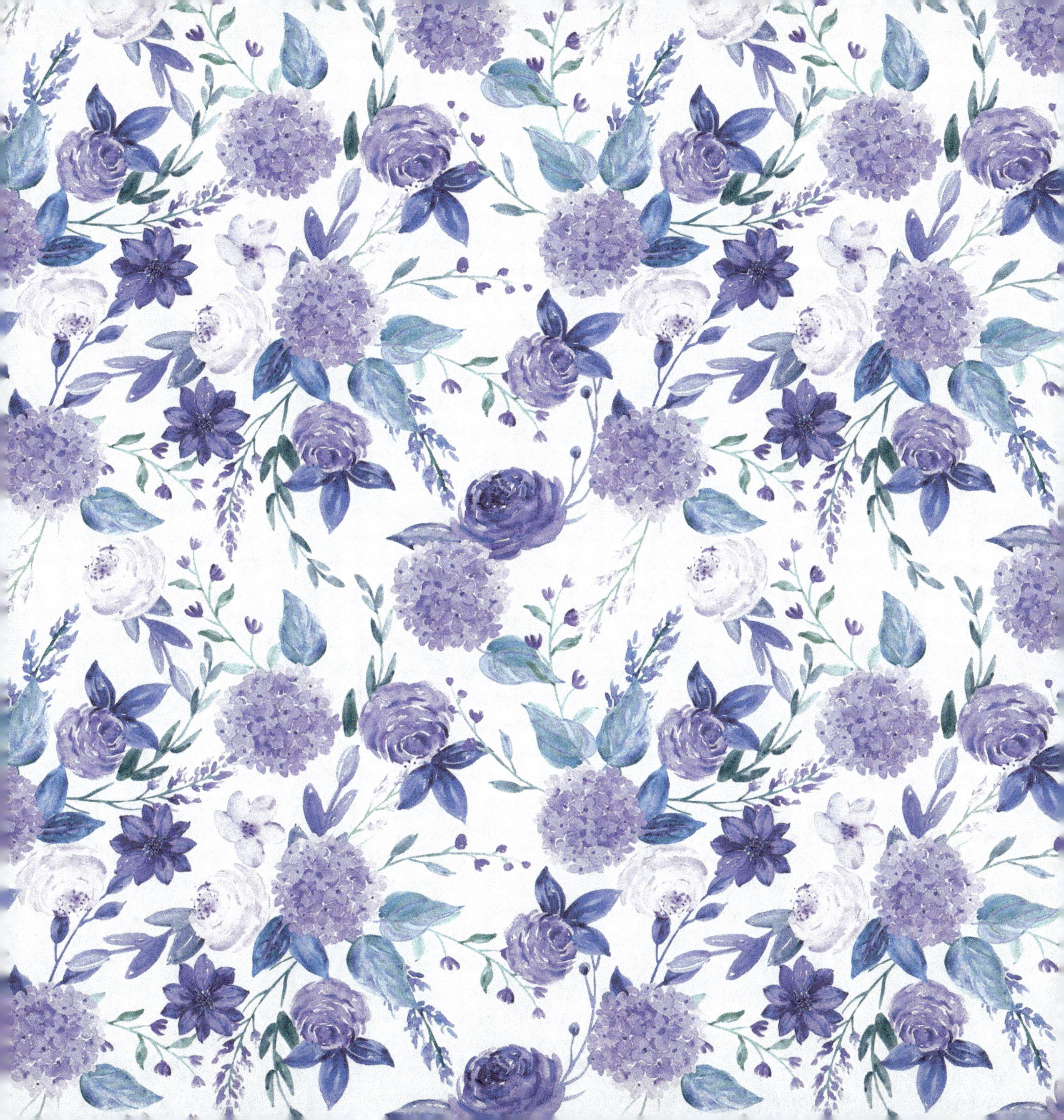

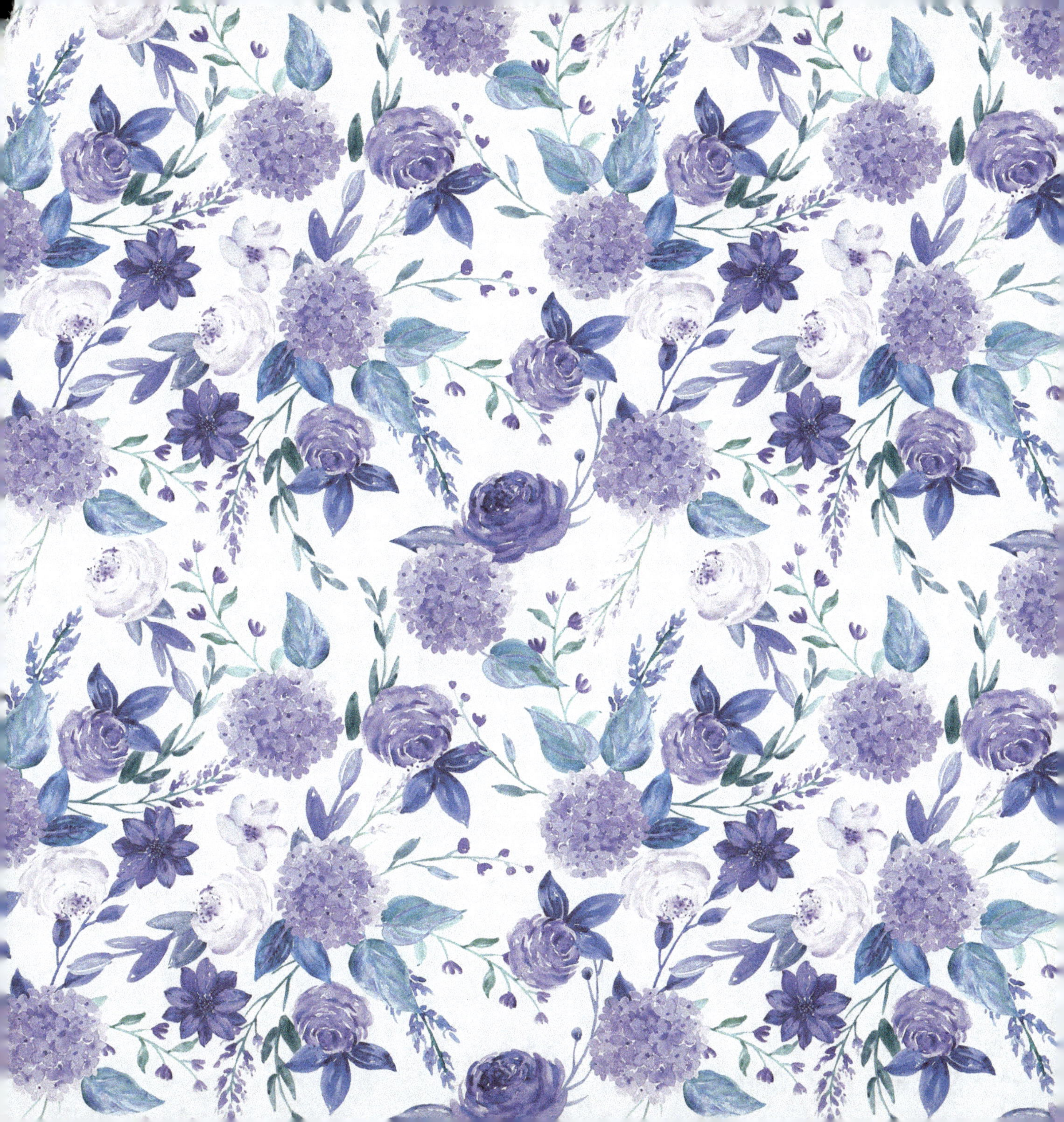

www.ingramcontent.com/pod-product-compliance
Lightning Source LLC
Chambersburg PA
CBHW081312070526
44578CB00006B/857
* 9 7 8 1 9 5 3 9 8 7 0 1 3 *